院内学級の子供たちが綴った
命のメッセージ

心が元気になる学校

プレジデント社

目次

まえがき

子供が何をどう感じているのか、考えてみたことはありますか？

大人に比べると、ずっと単純でたくましく、あるいは図々《ずうずう》しく、あるいは回復力や治癒力《ちゆりょく》も高いと思っていないでしょうか。

嫌なことがあっても一晩眠ればケロッとしているし、立ち直りも早い。

なにしろ日々、ものすごい勢いで成長している子供たちにとって、一日に起こる小さなことなんて、いちいち気にしているヒマなんてないんじゃないだろうかと。

気になってしかたないことは毎日たくさん見つかるし、過去に起こった嫌なことまで抱えるスペースは彼らの心にはないんじゃないかと……。


本当にそうでしょうか。

自分が子供だったときのことを思い出してみてください。


気持ちといってもいいし、感情といってもいいし、心といってもいい。

子供の心は、ずっと繊細《せんさい》でもろくて、優しくて、いったん傷つくとなかなか復元することができません。

大人から見ると「そんなこと、気にしていたの？」と不思議に思うくらい、小さなことにも心を痛めています。

大人が簡単に忘れてしまっている言葉に、ずっと傷ついていたりします。

そして、子供の感情がそこまで繊細であることを知らないのは大人だけではなく、子供自身も気づいていません。

そもそも、子供自身、自分の心がどういう状態にあるのか、わからないことが多いのです。

あるいは、本当の心の状態をわかっていても、それをどう表現していいのかわからないのかもしれません。


「大丈夫だよ」という言葉の裏側にある意味。

「別に」という言葉に隠された本当の気持ち。

「なんでもないよ」という言葉が発しているＳＯＳ。


僕は、そのことを、入院中の子供たちから学びました。

病気だから、入院しているから、そうなのではありません。

たぶん、すべての子供の心は、繊細で傷つきやすく、そして一度傷ついたら、なかなか修復するのが難しいのだと思います。

今、子供たちに起こっているたくさんの不幸な出来事も、この一点を振り返ってみることで解決できたり、未然に防ぐことができる気がしてなりません。

いじめにあっているけど、どうしていいかわからない。
悪いとわかっているのに、友達をいじめてしまう。
友達とどうつきあっていいのかわからない。
母親がいつも不機嫌だ。
父親が多忙で、家にいない。
両親がケンカばかりしている。

シングルマザー、シングルファザーで、思うように甘えられない。
先生の言っていることと、自分が考えていることが違う。
勉強する意味がわからない。

子供たちだって、大人と同じように、学校でも家でも、たくさん悩んでいます。
でも、それをどう受け止めていいのかわからない。
どう伝えればいいのかわからない。

そんな悩みを抱えている子供たちや、そんな子供たちのそばにいる親や教師に、この本を読んでいただけたら嬉しいです。

副島賢和

まずは僕のこと、自己紹介です

僕の名前は、副島賢和《そえじままさかず》です。「そえじ」と呼ばれています。
東京・品川区にある、昭和大学病院の中の院内学級の先生をしています。

院内学級というのは、病院の中にある学校・学級のことです。病気やケガで入院している子供たちが通っています。
病気やケガで学校に通えなくなった子供たちを支援する「特別支援学校（病弱）」や「病弱・身体虚弱特別支援学級」は、全国に1700カ所以上ありますが、そのうち病院の中に設置されている学校・学級が「院内学級」と呼ばれています。200カ所くらいあります。

僕は、もともとは公立小学校の先生でした。

先生になろうと思ったきっかけは、小学生のときに出会った担任の先生の影響です。
その先生は熱血教師で、休み時間にはいつも校庭に出て、一緒にサッカーや野球をしてくれました。

「僕もあんなふうに子供たちと走り回れる先生になりたい！」
そう思って、小学校の先生になりました。
先生になって6年目、僕は病気になりました。
肺に膿《うみ》が溜まり、激しい運動はできなくなりました。

「子供と一緒に走り回れなくなったら、教師はやめよう」

一時はそう思ったのですが、入退院を繰り返す中で出会ったたくさんの人に影響を受けて、僕にもできる、新たな道を見つけました。

それが、院内学級の先生です。

退院後、児童心理学を学ぶために、教員の派遣研修制度を利用して大学院に行き、学校心理士の資格を取りました。

ホスピタルクラウン（病院で心のケアをする道化師）になるための勉強もしました。

僕はときどき、赤鼻をつけて病院内を歩き回ることがありますが、これはクラウンとしての活動をしているときです。

そして、院内学級の先生になりました。

しばらくの間は、公立小学校の教諭として院内学級の先生をしていたのですが、公立小学校の先生って数年ごとに異動があるんです。一つの学校にずっとはいられない。

でも僕は、ずっとこの学級の先生でいたかった。

そのために僕は、公立小学校教諭という立場を辞めて、今は院内学級のある大学病院の准教授という立場で、先生をしています。

子供たちの言葉から、
心の奥をのぞいてみましょう

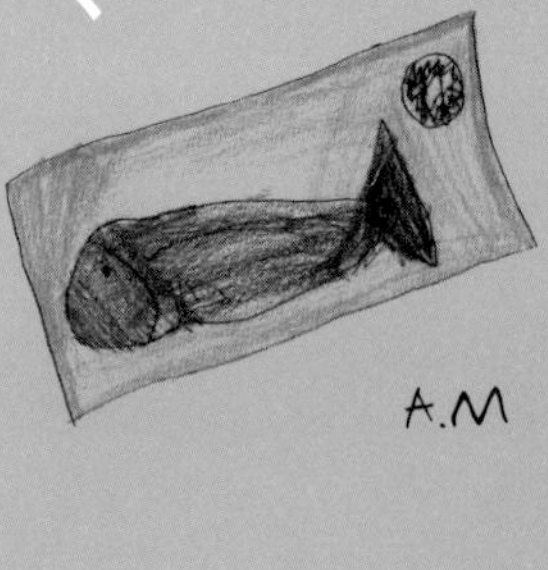

今、僕がいる院内学級の名称は、「さいかち学級」と言います。正式には、「品川区立清水台小学校昭和大学病院内さいかち学級」です。

さいかち学級は、昭和大学病院入院棟の最上階、17階にあります。

とっても見晴らしがいいんです。


普通の学校との一番の違いは、子供たちが、病室から登校してくることです。

パジャマのままやって来る子もいるし、私服に着替えて来る子もいます。

来てくれない子もいます。


入院中ですからね。具合の悪いときは勉強なんてできません。

そもそも、病気やケガで入院しているのに、なんで学校に行かなきゃならないの?

どうして勉強しなきゃいけないの?


そう思う子もたくさんいます。

子供たちだけではありません。

親や学校の先生や病院のお医者さんや看護師さんの中にも、入院中に焦ることはない、まずは元気になることを最優先して、治ってから勉強したらいいじゃないか、と考える人がたくさんいます。

でも僕は、ちょっと違うんじゃないかと思っています。


病気やケガで入院している子たちは、いろんな気持ち（心）を持っています。


まず、病気やケガのことを失敗した、と思っています。

入院すると、いろんなことができなくなります。だから失敗したと思うのです。

お父さんやお母さんを心配させるし、迷惑をかけているなあとも思っています。

自分の看病や付き添いのために親に忙しい思いをさせているし、兄弟姉妹がいれば、親が忙しくなる分、寂しい思いをさせてしまっている、とも思っている。

入院することで、学校を休まなければならないから、勉強が遅れるなあとも思っています。

友達と遊べなくて、寂しいなあとも思っています。

「よかったね」

（5年生の男の子）

土よう日から
一人になるかもしれない

4才の子がたいいんしたら
あのへやに一人ぼっち

でもたいいんは
いいことだから
よかったね。

そして何より、注射や薬や手術や検査や、そういう治療すべてが嫌だなあと思っています。治るのかなあとも思っています。このままずっと治らなかったらどうしよう、とも思っています。

そんないろんな気持ちを抱えながら、彼らはたくさんの我慢もしています。

注射は怖いけど、我慢しなくちゃ。
苦い薬は飲みたくないけど、我慢しなくちゃ。
本当は遊びたいけど、我慢しなくちゃ。
もっとお母さんに甘えたいけど、我慢しなくちゃ。
おうちに帰りたいけど、我慢しなくちゃ。
一人でベッドに寝るのは怖いけど、我慢しなくちゃ。

そして、そんな気持ちや我慢していることを、なかなか口に出すことはありません。いい患者でいるために。

これ以上、親や病院の先生や看護師さんに迷惑をかけないために。

だから僕は、入院している子供たちに、患者としてではなく、一人の子供としていていい場所が必要なんだと思います。


それが院内学級です。


もちろん体調には十分に配慮しながら、でも病気やケガのことをちょっとだけ忘れて、一人の子供として過ごしてもらいたい。

漢字の練習をしたり、工作をしたり、歌を歌ったり、本を読んだり……。

得意なことを、少しでも前向きに、何かに挑戦してもらいたい。

院内学級では、我慢しなくていいよ、自分の気持ちを言っていいよ、と伝えます。

でも、なかなかそうはなりません。


入院してくる子供の多くは、感情にフタをしてしまっているんです。

生まれてきてよかった……

（4年生の女の子）


4年生の女の子の言葉です。

お母さんとしょっちゅうケンカをしていました。

お母さんが怒って帰ってしまったことがあります。


1～2日、お母さんは忙しくてお見舞いに来られませんでした。


お母さんがやっと来たとき、それでも30分くらいしかいられなかったんですよ。

でも会えたことを本当に喜んでいました。

お母さんがドアを閉めた後、その子は半分泣きながら、「やっぱり私、生まれてきて良かった」って言ったんです。

お母さんとケンカしたときは、私なんか生まれてこなければよかったって思ったんでしょうね。

「手術いやだなぁ」

（高学年の男の子）

頭を切るっていうし、
かみの毛そるっていうし、
退院まではえないかもしれないし、

手術を考えると体がムズムズする。
手術を考えるとねむれない。
できる事ならやめたい。

手術が終わったらドッチボールやりたい。
終わったらステーキとおすしが食べたい。
いっぱいテレビみたい。
早く終わるといいな。

我慢は、見えにくいんです。

これは、入院している子に限りません。

子供の我慢は、本当にわかりにくい。


病気ではない子も、教室で授業に集中できないときがあります。

その子は、お母さんの具合が悪くて心配なのかもしれないし、友達とケンカしてどうしていいのかわからないのかもしれない。

それでも我慢して、教室にいる。

そんな子に、先生は、「ちゃんと集中しなさい」って、こともなげに言ったりします。

親ですら、子供の我慢を見抜くことはなかなか難しい。

学校でいじめにあっていても、家では心配をかけまいとして、我慢して、普通にしている子がたくさんいるのですから。

「大丈夫」は、本当に大丈夫なときに言う言葉ではなくて、おまじないだったりします。

大人は、子供が何を思っているのか、もっとしっかり気づくべきだと思います。

いーーーーーーーーーーーーっつも
めんどくさかったよ。7年間ね。

（低学年の男の子）

生まれてからずっと、おなかに病気を抱えている男の子の言葉です。
勉強しているときに言ったんです。
「どんなとき、面倒なの？」って聞いたら、「ご飯が一番面倒」なんだって。
経管《けいかん》栄養とか点滴とか、栄養を取ること自体が大変な病気なんです。
口から食事ができるようにはなったんですが、それでも時間がかかる。
でも病院では、決められた時間内で食べなきゃならない。
それも、ベッドで、たった一人で。
自分の好きなものを自由に食べることもできない。
ご飯を食べる楽しさを、まだ経験していないんです。
ご飯を食べることに比べたら、勉強なんてどうってことないって言っていました。

おかあさん　かえった
でも　わたし
ないてないよ

（1年生の女の子）


1年生の女の子。病室からお母さんが帰ってしまった後、僕にこう言いました。

そして、その後に、「すごいでしょ、わたし」とも言いました。

僕は、「泣いていいよ、寂しいよね」って言いました。

でも、泣かないんです。

泣いたらいけないと思っている。

泣いたら、立っていられなくなるんでしょうね。

入院している子たちは、自分の中に起こっている痛みや辛さ、不安や恐怖を感じないように、気づかないように生活しているんです。

こわかったよ。
そえじたちにはおしえた。

（1年生の男の子）


1年生の男の子です。

前に血を吐いたことがあって、それを思い出したんでしょうね、「血、吐いたんだ」って教えてくれました。

「血、吐いたんだ」って、すごく簡単に言ったんですよ。


「うん。怖かったね」って言ったら、「うん、ホントは怖かった」って。

「それ、誰かに言った？」って聞いたら、「お母さんにも言ってない」って。

「そえじたちには教えたからね」って。

僕は、副島なので、そえじって呼ばれています。


お母さんには言えない。そんな子がたくさんいます。

でも、お母さんには言わないでね。

（高学年の男の子）

ゲーム機のＤＳを使って、自分の病気を調べた子もいました。

高学年の男の子。重篤《じゅうとく》な脳の病気でした。

親からは、「本人には病気の告知をしないでください」と言われていました。

でも、その子は自分が飲んでいる薬の名前をＤＳで検索して、病名に辿り着いたそうです。

そして、「でも、お母さんには言わないでね。僕が知っているってことわかったら、お母さん悲しむから」って。

子供が病気になるといろんな人が傷つきます。

幼稚園の子だって、自分のことよりお母さんのことをいたわるんです。

お母さんが泣いていると、自分のこと以上に心配します。

お母さんが泣くより、自分が辛いほうがまだマシなんです。

あしたのけんさは、ちょっとどきどきします。（ほんとは、やだっ）やだやだせーじん

（低学年の男の子）


最初は、「検査なんて全然平気だよ」って言っていた子です。一緒に話しているうちに、「明日の検査はちょっとどきどきするんだ」って。ホントはやなんだ、って言いました。

「どきどき」するのは、緊張しているとか、心配しているとか、そういう感情。ホントはやりたくない。でもやらなきゃ、ってわかっている。

「ほんとは、やだっ」がカッコ書きになっているのは、本心だからかなあ。病棟では言わない本音。その後もいっぱい、やだやだ、って言ってて……。それでやだやだ星人。さいかち学級では、我慢しなくていいんです。

今になってどきどきしてきた。なんかこわい。

（低学年の男の子）


手術の前日。

やはり最初は「平気だよ」って強がっていました。

さいかち学級でいっぱい遊んで、いっぱい勉強して……。病室に帰るときです。

「先生、今になってどきどきしてきた。なんか怖い」って。

子供たちは、自分で抱えきれないほど辛いことがあると、それ自体を切ってしまうことがあります。

一見、何も感じていないように見えますが、自分が抱えられないくらい大きなものなので、どこかに置いてきてしまうんですね。

お葬式などで、小さい子たちが、自分のお父さん、お母さんが亡くなったところで騒いだり遊んだりしている。周りの大人は「小さいから、まだわかんなくて良かったね」「こういう姿が泣かせるね」なんて言いますが、まともに受け取ったら生きていけないくらい大変なとき、子供はそこを切るんです。

ちゃんと考えたら、親が亡くなったってことも理解できるはずなんですよ。

でも、それを認めたら抱えきれないくらい辛いから、考えないようにしている。

無意識に体が反応するのです。

心理学用語で「解離《かいり》」という状態です。


虐待《ぎゃくたい》やレイプを経験した子供や、大きな災害にあった被災地の子供も同じです。

自分の力ではどうにもできない事態に遭遇《そうぐう》したとき、子供は、感情を切ります。

そして、記憶もなくします。


これは、自分自身を守るための本能なんです。

手術って、子供にとっては大人が考えている以上に大変なことなんです。

手術だけじゃない。病気になったことそのもの、入院していることそのものが、大人が考えている以上に大きなことなのです。

いつもいっしょにいるより弟がかわいかった！

（6年生の男の子）


小学6年生の男の子です。

7歳くらい年の離れた弟がいます。


お母さんは、まだ小さい弟にかかりきりで、6年生の男の子には、「お兄ちゃんなんだから、頑張るんだよ」っていつも言います。

6年生でも、入院は不安です。怖いんです。寂しいんです。

だから、「弟なんて大嫌い。お母さん取っちゃうから」っていつも言っていました。

外泊許可が出て、家に泊まって、家族と過ごせて、きっと安心できたのでしょうね。

病院に戻ってきたときにこう言いました。


「いつもより、弟がかわいかった」って。

やっと人間になれたきがする

（中学年の男の子）

何かの事故で頭をぶつけてしまった子がいました。

病院へは行ったのですが、大丈夫でしょう、ということでいったんは家に帰ったそうです。

その日の夜のことです。

どんどん頭が痛くなって……。夕飯を食べて、テレビを見ていたら、突然、倒れました。

彼はそのときのことを、「暗闇がドーッと近づいてきた感じ」と話してくれました。

脳の中に血の塊ができて、視力を奪われてしまったようです。

気がついたら病院のベッドの上。

2カ月ほど入院していましたが、退院の日、挨拶《あいさつ》に来てくれたときの一言です。

「やっと人間になれた気がする」

人間とは思えないほど、辛かったんですね。

痛くないよ 平気だよ

（中学年の男の子）


1型糖尿病で入院していた男の子がいます。

彼は、血糖値を測るために、毎日5〜6回、指に針を刺していました。

しかめっつらをしていたので、「痛いね」と声をかけたら、「痛くないよ、平気だよ」

と返してきました。

本当は痛くないはずがありません。

でも、男の子はいい患者でいなきゃいけないし、何より平気だと思っていないと、耐えられないのです。

毎日毎日、指に針を刺すのですから。

我慢して、我慢して、そして、自分の感情にフタをしてしまうんです。


「痛くないよ」は、彼のおまじないの言葉なのかもしれません。

どんな感情だって
エネルギーになるんだよ

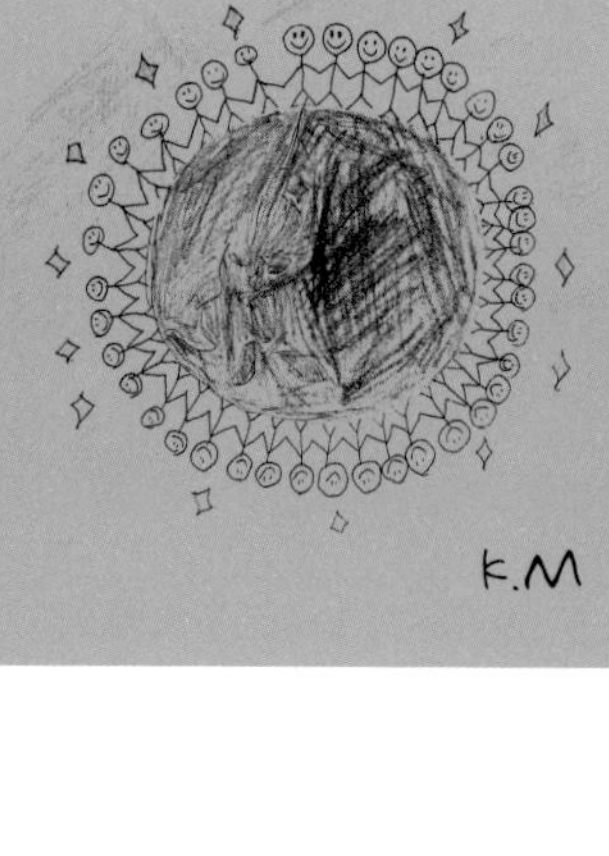

人間にはいろいろな感情があります。

楽しい、嬉しい、優しい、愛おしい、ありがたい、待ち遠しいというポジティブな感情も、悔しい、悲しい、痛い、寂しい、怖い、憎い、苦しいというネガティブな感情も。

イライラしたり、嫉妬《しっと》したり、殴ってやりたいという感情は抑えたほうがいいという大人もいますが、本来、感情に善し悪《あ》しなんてないんです。

どんな感情だって持っていていい。

なぜなら、感情は、エネルギーになるからです。

悔しいと思うから挑戦できるし、悲しいと思う気持ちがあるから人に優しくなれる。

怒りは願いの裏返し。

悲しみは、助けて、という訴えです。

不安は、できるようになりたいから、そう思うんです。

その感情にフタをしてしまうという行為は、入院している子供たちにだけ起こるものではありません。

身近な家族が離れてしまったとき。
大事なものをなくしてしまったとき。
飼っていたペットが死んでしまったとき。
仲間外れにされたとき。
先生から傷つく一言を言われたとき。
頑張りを認めてもらえなかったとき。

どんな子にも、感情にフタをしてしまうきっかけはあるのです。

感情にフタをしてしまうと、エネルギーは湧いてきません。
エネルギーは病気を治すためではなく、人生を前向きに生きるためにも必要です。
だから、感情にフタをしてはいけないのです。

「退院」

（高学年の女の子）

九十九パーセントは
学校に行きたい
友達と遊んだり、話をしたり
勉強したりしたい
一パーセントは
ちょっと心配
飲んでる薬の量がまだ多いから
かぜをひくかもしれない
みんなは自分の病気のことを

よく知らないから……
やっぱり説明はしない
なんとなく　いやだ
病気だってことをわかって
くれれば、それでいい
家に帰れることは
百三十パーセント嬉しい
犬と遊べる
家族と一緒にいられる
やっとできる
退院

あきらめないと生きていけないんだよ!

（低学年の男の子）

7歳の男の子の言葉です。

7歳の子がこんなこと言うなんて、本当にショックでした。

工作でびっくり箱を作っていたんです。完成寸前で、裏と表を間違えちゃって。「諦《あきら》めないで。あと少し」って言ったら、この言葉が返ってきました。

学校にも行けない。体育も見学。食事もできない。点滴がついているから好きなところにも行けない。

点滴が取れたときは、廊下を全速力で走っていました。

点滴をつけているときは、普通の子供であることを諦めているんですね。

そして、たくさんの我慢をしている。

子供の表現の裏にはいろんな感情が隠《かく》れています。

僕は君たちを
比べたりしないよ

さいかち学級では、感情にフタをしてしまった子の、そのフタをはずすために、ここが安全で安心な場所であることを感じてもらえるようにしています。

そのために、「僕は君たちを比べたりしないよ」と伝えます。

感情にフタをしてしまった子は、他の子を傷つけることで、教室の中での自分のポジションを確保しようとするんですね。知らず知らずのうちに。

直接、叩くわけではありません。

他の子がやっているプリントを見て、「まだそんなところやっているの」と言ったりします。

ちょっと考えている子を見つけると、「そんなの簡単じゃん」と言ったりします。

そういう言葉を投げかけることで、自分の優位性を誇示《こじ》するのです。

子供たちには、病気の軽重はありません。

どんなに軽い症状であっても、やっぱり怖い。
このケガは本当に元どおりに治るのかな、とか。
隣の子が亡くなったら、次は自分かも、とか。

とにかく不安だらけです。

入院することで、自分の存在がなくなっちゃうような気持ちにもなるのです。
それで、ポジションの確保をしたくなるんですよね。

だから僕は、伝えます。
誰とも君を比べない。
君は君だよ。
比べるなら、昨日の君と今日の君かな。

ありのままの君で大丈夫だよ、と。
何しろ、病気やケガを「失敗した」と思っている子たちですから、自分に自信が持てないんです。

自分はダメなんだ。
自分は役に立たないんだ。
自分は一人ぼっちだ。
自分は愛されていない……。

自信をなくしてしまった子には、肯定的な自己認知をしてもらうことが必要です。
自分は自分。
そのためにも、できることをたくさん発見してもらいたい。
計算をしたり、絵を描いたり、パズルをしたり……。
やればできる、できることがある。

そんな発見をできるのが、院内学級です。

子供たちにとっての「失敗」は、病気やケガだけじゃありません。

いじめにあっている子。
どうしても誰かを攻撃してしまう子。
学校で叱られてばかりいる子。
親に振り向いてもらえない子。
いつも何かにイライラしている子。
一人ぼっちの子。
自分に自信を持てない子。

そんな子供たちにも、自信を取り戻せる場所が必要です。

一回きてみなよ！
友達さそってさぁ。
一人でも楽しいよ。

（高学年の男の子）

な、
行って良かっただろ

（高学年の男の子）

さいかち学級に通うようになって、エネルギーを高めた子たちは、同じ病室の子を、さいかち学級に誘ってくれます。

入院してきたばかりの子は、なかなか来てくれません。病気で辛いのに、勉強なんて、って思いますしね。

でも、同室の子が、「さいかち学級に行ってきます」って、楽しそうに登校する姿を見たり、生き生きとして戻ってくる姿を見るうちに、自分も行ってみようかなって、思ってくれるみたいです。

入院中なのに、なんでこの子は笑顔なのか、気になるんでしょうね。
だから、さいかち学級の子と同室の子は、通ってくれる率が高いんです。

病室に、さいかち学級に行っている子がいないとき、さいかち学級に来てほしいなあと思ったら、ホスピタルクラウンの出番です。

俺がおやになってやるよ

（6年生の男の子）

さいかち学級は、小学校なので幼稚園の子は入れません。
ただ、特別な場合に、病棟のお医者さんや看護師さんたちと話し合って、親御さんと一緒に来ることもあります。
同じ病室に、さいかち学級に来たがっていた未就学の子がいました。
でも、親御さんの都合で、その子はさいかち学級に来ることができなかったんです。

そのときに、6年生の男の子が言ってくれました。

「先生、なんでダメなんだ」って。
そして、「俺が親になってやるからさ。いいだろう」って。

嬉しいですね。

さいかちがあるから
入院しても大丈夫って思う

（中学生の女の子）

さいかちにいると
落ち着く

（高学年の女の子）

びょうきのこどもが
げんきになるがっこう
１（年）～だいがくせいまでの
さいかちぐみ

（低学年の女の子）

僕、ここに来て
生きるバネを持てたんだ

（高校生の男の子）

さいかちには
しっぱいはないんだよ

（低学年の女の子）

病気やケガをしたことを、失敗だと思っている子がいます。家の人に迷惑をかけているし、学校にも行けなくなるし、友達とも遊べなくなるからです。

僕は、「失敗してもいいんだよ」と伝えます。

失敗したときに、きちんと対処できれば、それはむしろいい経験になる。だから、僕の失敗も見せます。そして、そのときにどうするか、を見せます。

子供は、大人が失敗した後の態度を注意深く見ています。大切なのは、失敗を隠さずに、きちんと対応すること。

学校の先生でも、漢字の書き順を間違えることがある。そのときにごまかさないで、「あ、ごめん。忘れちゃった」と謝って、辞書で正しい書き順を調べればいいのです。

学校の先生も、親も、成功した話ばかりを子供にしがちです。
なかなか自分の失敗話をする大人はいません。

大人が子供の前で失敗したときも、カッコ悪いと思うからでしょうか、なんとか取り繕《つくろ》って、失敗じゃなかったように振る舞うこともあります。

成功の話しか知らなくて、失敗をごまかされた子供たちは、失敗はダメなんだ、と思ってしまうのです。
だから、失敗した自分はダメなんだ、と思ってしまう。
失敗した自分を許せなくなる。

でも、失敗はチャンスです。そこから学べることがたくさんある。

大人はもっと、自分の失敗の話をすればいいし、失敗を見せればいい。そして、そこからどうしたかを伝えればいいのです。

君の感情を
言葉にしてみて

僕は、子供たちが発した何気ない言葉をメモしています。
子供たち自身にも、自分の気持ちを書いてもらいます。
そうすることで、フタをされていた感情が、徐々に表に出てきます。
子供たち自身も気づかなかった感情が、形になってきます。

感情の言語化です。

「ヤバイ！」という表現があります。
楽しいのか、スゴイのか、マズイのか、ダメなのか、わかりません。
「ヤバイ」という言葉が出てしまったら、それがどういうことか、
自分の気持ちに向き合ってみるといいと思います。

「むかつく！」という言葉もあります。
「むかつく」という言葉が出てしまったら、
なぜむかついたのか、自分の気持ちを整理してみてください。

そうしたら、怖かったのか、びっくりしたのか、
恥ずかしかったのか、わかるはずです。
子供がそう発したら、大人が整理してやることも必要です。

自分の感情を言語化するための練習として、
僕は、中川ひろたかさんの「へいわ」という詩の形を真似させています。

「へいわ」

中川ひろたか

あさおきておはようって
いえるといい

ごはんがおいしいって
いえるといい

そらがあおく
すんでいるといい
おおきなこえで
わらえるといい
げんきなこえで
うたえるといい
そうだったらいい
そうだったらいい

次からは、この詩を真似た、子供たちの詩です。

「今したいこと」

（高学年の男の子）

早く薬が減るといい
早く学校に行けるといい
友達と話せるといい
退院が早くできるといい
普通の生活ができるといい
そうだったらいい
そうだったらいい

「しあわせ」

（高学年の女の子）

今日のお昼ご飯が
おいしいと思えるといい
今日、お母さんが
早く来るといい
早く　いたくていやな検査が
終わるといい

私の病気が
早く治るといい

家に帰ってみんなと
楽しくおしゃべりできるといい

そうだったらいい
そうだったらいい

それが私にとっての
「しあわせ」

「病気を治したいなー」

（高学年の男の子）

病気が治るといい
薬がなくなるといい
早く、元気になるといい
早く薬がなくなるといい
早く、退院できたらいい
その日だったらいい
そうだったらいい

「オレの願望」

（高学年の男の子）

友達とあそべるといい
家に帰れるといい
ずっと笑っていられるといい
好きな物、食べれるといい
争いのない世界だといい
そうだったらいい
そうだったらいい

「そうだったらいい」

（中学年の男の子）

ちゅうしゃがなければいい
決まりがなくて自由になれるといい
大きな虫に乗れるといい
青空いっぱいだといい
車とかマシーンがいっぱいだといい
そうだったらいい
そうだったらいい

「あいさつ」

（低学年の男の子）

よるねるときに
おやすみといえるといいな
あさおきるときに
おはようといえるといいな

ともだちに
こんにちはっていえるといいな
みんなとあそべるといいな

そうだったらいい
そうだったらいい

「早く」

（中学年の男の子）

早くたい院できるといい
早くパスタを食べられるといい
カルボナーラを食べられるといい
早くクリスマスになるといい
家族でパーティーができるといい
そうだったらいい
そうだったらいい

感情の言語化に慣れてくると、子供たちはオリジナルの詩を作ってくれます。

この本に出てくる詩は、子供たちの作品と、僕がメモした子供たちの心の言葉です。

感情を言葉にできると、自分が何をどう感じているのか、客観的にわかるようになります。

客観的にわかると、冷静になれます。

冷静になれると、次にどうしたらいいか、がわかってきます。

すぐに手が出てしまう子。
なんでも力ずくで解決しようとする子。
突然切れてしまう子。

今、子供社会で起こっているたくさんの悲しい事件も、当事者である子供たちの感情を言語化できていたら、そうなる前に解決できていたかもしれないと思うのです。

「退院できると思ったのに」（高学年の男の子）

退院できると思ったのに
ＣＲＰがあがってさっ
退院できなくなった

すっごい　やな気持ちになる
やな気持ちになるとあつくなる

早く退院したい
退院して
学校に行きたい

「いきたいな」

（低学年の女の子）

しゅうぎょうしきもいけなくて
しぎょうしきもいけなくて
ちょっといや

ちゃんとはじめられなくて
ちょっといや

でもここならできる

「退院をしてから」

（中学年の女の子）

退院をして
おうちに帰ったら
ずっとお母さんと
いっしょにいたい

学校に行く練習をする
学校に行って
友だちといっしょに
勉強したい

長く居るといい事もある。

（高学年の男の子）

昭和大学病院小児科の平均入院期間は6日間です。
全国平均で10日間ほど。
中には、何カ月も入院する子もいますし、入退院を繰り返す子もいます。
この言葉の主である男の子は、2カ月半ほど入院していました。
その間、紙工作で大きな作品を作りました。
そのときの言葉です。長くいたから、こんな大作ができたんだと。
でも本音ではない。
自分を納得させるための言葉です。
そう思わないと、いられないから。
ホントはいいことだなんて思っていない。
でもまあ、そういう思いを持ってもらえるかかわりができるといいですね。

入院しているときの最大の敵は
「ヒマ」であること

入院している子供たちはたくさんの敵と闘っています。

病気やケガによる痛み。
注射や薬。
家族の人と離れて、一人ぼっちで寝ること。
思うように遊べないこと。
学校に行けないこと。
友達に会えないこと。

でも、一番の敵は、「ヒマ」かもしれません。

病気やケガをしているんですからね、体を動かすことはそうそうできません。
安静が何より大切です。

一番の安静は、寝ていること。

本当に体がシンドイときは、たぶん、子供たちもおとなしく寝ています。

でも、そんなにシンドくないときも、あります。
そんなとき、本当にヒマになるんです。

ヒマの何がいけないかって、たくさん考えてしまうこと。

病気のこと……本当に治るのかなあ？
友達のこと……私のこと、忘れていないかなあ？
勉強のこと……遅れた分、追いつけるかなあ？
家族のこと……心配かけちゃっているよなあ。

そして、余計に落ち込んでいきます。

自分はダメな人間なんだって。

院内学級は、そんなときにも役に立ちます。
あんまり体がシンドくなくて、ヒマだなあと思ったら、院内学級に来ればいいのです。

そこには、本もあるし、プリントもあるし、粘土もあるし、折り紙もある。
友達もいるし、先生もいる。

やることがたくさんあると、不安な気持ちをちょっと横に置いておけます。

「ヒマ」を敵にしている人は、入院中の子供たちだけじゃありません。

友達がいなくて、一人ぼっちの子。
独り暮らしで、話し相手のいない高齢者。
大人だって、一人ぼっちは辛いです。

そんな人たちの居場所があるといいなあと思います。

○○さんにとってはたった三日でも
ぼくにとっては
24時間が3回なんだよ

（低学年の男の子）


ゲームを取り上げられた男の子の言葉です。

「○○さん」というのは、病棟のスタッフさん。

そのスタッフさんと「決められた時間以外にゲームをしたら、3日間ゲームはできません」と約束していたそうです。


その約束を破ってしまったときの言葉。

退屈の感じ方、時間の長さの感じ方が、僕たちが生活しているものと違うんですね。

24時間が3回って、本当に長く感じます。

集中していると
時間たつの早いね
ニコッ！

（低学年の男の子）

さいかちにいると
じかんがはやい

（低学年の男の子）

じかんのながれは
あっちでは、おそいけど
こっちでははやい。

（低学年の男の子）

あっちは病棟、こっちは学級。何かに集中していると早いみたいで、チャイムが鳴ったら「え、もうご飯？」。帰りたくないって言う子もいますね。

先生が
笑顔でむかえてくれるから
来るんだよ

（中学生の男の子）

先生って、僕のことです。
こう言われたら、やめられないですよね。だから来るんだよ、って。
安心していられる居場所。
自分が自分であることを認めてくれる居場所。
ヒマにならない居場所。
そんな居場所は、病気の子にだけじゃなく、すべての人に必要だと思います。
そこに、笑顔で迎えてくれる人がいる。
笑顔は大事ですよ。だって第一印象ですから。
人って第一印象でほぼ決まるじゃないですか。

長くいてくれるとありがたいよ

（中学生の女の子）

小さいときから入退院を繰り返してきた子が、中学生になって、また入院してきました。そのときに、言ってくれた言葉です。

前にいた人が変わらないで、長くいてくれるとありがたい。また会えたねって。長くいるって、大事なことですね。

学校も、医療スタッフも、異動がありますから、入れ替えが早いんです。

必ずあの人に会える、そんな場所がある。
自分のことをわかってくれる、あの人がいる。

安心感があるのでしょう。

ふざけた先生ですねっておこられない？

（中学年の男の子）

ことばだけでわらえる

（低学年の男の子）

それをつづけたらおなかこわしますよ。

（高学年の男の子）

ばくしょう　なんかいする？

（低学年の男の子）

さいかち学級にやってくる子は、よく笑います。
ほとんど、僕が原因ですけど。僕は、クラウンですからね。

たのしいけど
つまらないこともある

（低学年の女の子）

さいかち学級に来て、折り紙をしていたときに言った言葉です。

「折り紙は楽しいけど、つまらないときもある」って。

「どんなとき、つまらないの？」って聞いたら、「友達がいないとき」って。

折り紙なんて一人の作業じゃないですか。
一人でも楽しいと思うのですけどね。
でも、友達がいないと、やっぱりつまらないんだって。

友達って、すごいね。

学ぶことが、
生きる力になるんです！

ここまで、入院中の子供たちに、なぜ院内学級が必要かについて語ってきました。

失敗したと思っているから。
我慢しているから。
感情にフタをしているから。
自信をなくしているから。
安心できる場所が必要だから。
自分が自分でいられる場所が必要だから。
ヒマになってはいけないから。
友達がいるから。
待っていてくれる人がいるから。
挑戦できるものがあるから。

そして、そんな場所は、病気やケガをしていない子供たちにも必要なんです。
挑戦できるものには、いろいろあります。

漢字や計算のドリル、本を読むこと、歌を歌うこと、パズルをすること、絵を描くこと、折り紙、工作、粘土……。

これらはつまり、「学習」ですね。

学校に行けないから、遅れないように、院内学級で勉強しているわけではありません。

もちろん、そういう目的もありますが、ここでの「学習」は「挑戦」なんです。

前向きに、今自分にできることにチャレンジする。

少しでもいい、できること、やれることを実感してほしい。

それがエネルギーになって、生きる力になっていくから。

これもまた、入院中の子供に限った話ではありません。

何らかの理由で、学校に行けなくなっている子供たちや元気をなくしている子供たちにも、ぜひ、「挑戦」をしてほしいと思います。

きっとできることがあるから。

それが見つかれば、自信を持てるから。

もし周りにそういう子がいたら、大人たちにはぜひ、温かく寄り添ってほしいと思います。


ただ、学習を、挑戦を、強制してはダメです。

その子が得意なこと、興味のあること、好きなことをじっくりと探って、自らやってみようという環境を作ってあげてほしい。


安心できる場所。

自分が自分でいられる場所。

そして、笑顔で迎えてあげてほしいと思います。


学ぶことは、生きることです。

ぐあいが悪いと
べんきょうしたくなる

（高学年の男の子）


いつもは、「勉強なんかしたくないよ」って言っている子です。

ずっと車椅子を使っていて、ずっと元気じゃないんです。

でも、本を読んだり、工作したりするのは大好きなんです。もちろん遊ぶことも大好き。

この子は、熱が出たり、体調が悪くなると、「先生、プリントください」って言ってくる。

「僕、具合が悪くなると、なんか勉強したくなるんだよね」って。

友達から置いていかれること、できなくなっていくことが増えていくのが不安なのだと思います。

入院が長引いたり、さいかち学級に来られなくなったり。

入院しているだけで一歩遅れているのに、具合が悪くなるとまたかっていう不安。

僕は、「えらいね」とは思わないし言わない。
「このプリントでいい？」くらい。

1問くらい解いたら疲れてしまって、もうできなくなるんです。
病気と闘うエネルギーは奪っちゃいけないので、途中で止めます。
だけど、やりたい気持ちを最初から奪いはしない。
「熱があるんだからまたにしようよ」、とは言いません。
むしろ、「やってみるか」って。
疲れてきたら、休めばいい。
途中でできなくなったら、「よく1問やったなあ」って言います。
1問もできなくても、「よくやる気になったなあ」って言います。

このとき、彼は笑いながら言ったんですよ。
「自分でも変なのって思っている」って。

これは勉強じゃないよ。そえじのは勉強だね。

（低学年の男の子）

僕が教室で、英語の勉強をしているとき、横で工作をやっていた子の言葉です。

「え、君のは勉強じゃないの？」って聞いたら、

「だって、勉強は我慢してやるものでしょ。工作は楽しいもの」って。

勉強って、本当は楽しいもののはず。

楽しいから挑戦できるのかあ。

そういうものがたくさんあるといい。

本気が出てきた！ちがう本気があるの!!

（低学年の女の子）


低学年の女の子。

図工をやっているときに、突然「本気が出てきた！」って言ったんです。

「え、さっきまでそうじゃなかったの？」って僕が聞いたら、「違う本気があるの」だって。

「なんじゃそりゃ」って。

やる気スイッチがあるんだよね。

できるとおもえばできるでしょう。できないとおもったらできないから

（低学年の男の子）


僕が英語の勉強をしているときに、言われた言葉です。

「先生、英語、苦手なんだよなあ」って言ったときに。

「先生、できると思えばできるでしょう。できないと思ったら、最初からできませんよ」

だって。


いつもは諦めの早い子なんです。

この日は体の調子が良かったのかなあ。

体調ひとつで、気持ちもこんなに変わるようです。

「おなかがすく時の私」

（中学生の女の子）

おなかがすくと私は
グッ～っとこわい音をひびかせる。
すぅっとやる気がなくなって
ちょっと気持ちが悪くなる。
でも頑張って勉強をする。
そうすると給食がいつもより
おいしくなる。
その時の私の顔は、 にこにこ笑顔。

どんな子も、本当は「できるようになりたい！」と思っています。


友達に置いていかれる、自分だけできない、というのは本当に不安です。

これは病気じゃない子も同じです。

むしろ、普通に教室にいるときのほうが、切実なのではないでしょうか。


自分はまだよくわからないのに、授業はどんどん進んでいく。そんなとき、諦めちゃう子もいるし、暴れる子もいます。騒いで授業を妨害する子もいます。

いろんな反応の子がいます。

そうなってしまったら、もう遅いのです。こちらの対応が遅かった証拠です。


その前の段階、ちょっと不安になったときにどうしてあげられるか、が大事です。

子供が不安に思っているとき、「そういうときもあるよな」「平気だよ。人生、そういうときもあるよ」と言ってあげられる大人が周りにいるといい。

それを伝えられる大人がいてほしい。

本当はわかるようになりたい。できるようになりたいって思っている。

諦めたくない。

でも諦めるのは大っ嫌いなんです。どんな子もね。

諦めざるをえなかったり、無気力を身につけちゃう子もいる。

それは本人の責任ではなくて、周りにいる大人の責任です。親や教師のせいです。


もちろん本人の努力も必要です。でもそのときに、ほんのちょっとの努力とか、今できていることを認めてあげることが大事だと思います。

できるようになったこと、わかるようになったことばかりをプラスの評価にするから、できない自分、わからない自分はダメなんだと思っちゃう。

親や教師の期待に応えられない自分はダメって思わせちゃっている。

それは違うと思います。

今できていること、やろうとしていることを、認めてあげればいいんです。

そっと寄り添って。

安心できて、初めて挑戦できるから。

助けてって、
声に出して言ってよ

僕は子供たちに、「助けて」「手伝って」と言えるようになってもらいたいのです。
「助けて」「手伝って」って、簡単に言えそうですよね。

でも、子供には難しい言葉なのです。

特に、自分のことをダメだと思っている子は、人に「助けて」なんて言えません。
自分の弱さを認めることになってしまうから。
「助けて」と言った瞬間に、できない自分として評価してしまうから。

そして、できないことを、自分のせいにしてしまうんです。
自分の努力が足りないから、自分に力がないから。
自分で、自分のことをマイナス評価してしまう。
だから、本当は困っていても、頑張ってしまう。

「助けて」って言うような弱虫じゃいけないから。

自分でできないなんて、ダメじゃないか、と思うから。


でも、本当の自分をわかってくれている人、自分のことを大事に思ってくれている人には、「助けて」って言えるんです。

マイナス評価をしないから。

頑張っている自分のことを認めてくれているから。


「助けて」と言えるためには、行動と感情と認知が必要です。

行動＝「助けて」って言えるスキル。

感情＝助けてもらえて嬉しいと思える気持ち。

認知＝助けてって言う自分はダメじゃない、悪いことじゃない、という考え。


僕は、「何か手伝おうか」と言います。

「助けて」と言っていいよと伝えます。

じゃあ、今日は
先生がおたすけマンだね。

（低学年の男の子）

低学年の子が、工作のときに、初めてカッターナイフを使いました。
まだ上手にできないので、僕は「手伝うよ」と言ったんです。
そのとき、「今日は先生がお助けマンだね」って。

これは、「助けて」と言えるようになるための練習の一つです。

学習の場面で、「そんなこともできないのか」「自分でやりなさい」と言ってしまうと、
「できない自分はダメなんだ」と感じてしまう。

できなくても大丈夫、できるようになることが大事なんだから。

そっと、そばにいること

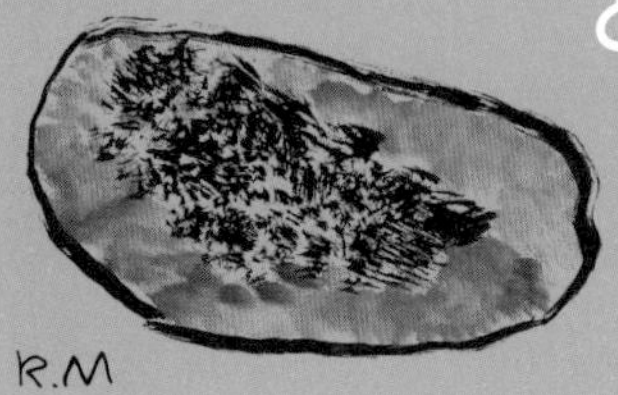

僕には師匠がいます。

彼は、僕がさいかち学級の先生になったとき、小学5年生でした。

おなかに重い病気を持っていて、小さい頃から入退院を繰り返していました。

でも、そんなことを微塵《みじん》も感じさせない、明るくて優しくて、正義感に溢れた子でした。

学校の友達がいじめにあっているという話を聞いたとき、「許せない。俺はこんなところにいる場合じゃない。早く退院させろ」って、ものすごい剣幕《けんまく》で怒っていました。

さいかち学級にやって来る元気のない子も、彼が隣に座っているだけで笑顔になります。

病棟に入院している子供たち、みんなが彼のことを大好きでした。

なんかこう、立っている次元が違っていた。
彼は何が違うんだろうと、僕はこっそり観察してみたんです。

そして、わかったことがありました。

彼は、元気のない子のそばに、そっといたんです。

特に何かを言うわけじゃなく。余計な手出しをするわけじゃなく。
絶妙な距離感で、寄り添っていた。

そうか。
そばにいるって、こういうことなのか。
そばにいるだけで安心できるって、こういうことなのかと。

きっと、彼自身が苦しんでいて、我慢していて、頑張っていたから、そういうときにどうしてほしいのか、自然とわかっていたのだと思います。

ある日、こんな会話をしました。


「将来の夢、教えてよ」

「言わない……。先生、先に言ってよ」

「僕はねえ、心のお医者さんになりたいんだ」

「え、僕と同じ」

「あれ、前は料理人になりたいって言ってなかった?」

「うん。最近ちょっと変わったの。先生、僕が大きくなったら、病気の子も安心していられる場所を一緒に作ろうよ。きっと楽しいと思う」

「おう。わかった。約束な」


6年生になったとき、彼は久しぶりに退院できることになりました。

退院の前日、こんな詩を書いてくれました。

「ぼくは幸せ」

（6年生の男の子）

お家にいられれば幸せ
ごはんが食べられれば幸せ
空がきれいだと幸せ

みんなが
幸せと思わないことも
幸せに思えるから

ぼくのまわりには
幸せがいっぱいあるんだよ

病気だからこそ感じられる幸せもある。
そう感じられる彼には、本当に適《かな》わない。
この詩を書いた1カ月後、彼は再び入院してきました。
夜の7時すぎ、小学校の職員室で仕事をしていた僕に連絡がありました。
仕事が終わったら行ってみるか。そう思っていたのですが、終わったのは8時少し前。
面会時間に間に合いそうにありません。
明日にしよう。そう思って、その日は帰宅しました。

彼が亡くなったのは、次の日の早朝でした。

僕はその日以来、子供たちのことで、「明日でいい」と思うことをやめました。
彼は今も僕のそばにそっといるような気がします。
迷ったとき、困ったとき、僕は訊ねます。

「ねえ、君ならどうする?」

おやくにたてれば よろこんで

（4年生の女の子）

4年生で亡くなった女の子の言葉です。

一度は家に帰ったのですが、具合が悪くなり再入院してきました。

ある朝、看護師さんから「先生、1時間だけならさいかち学級に行けるよ」と連絡がありました。

何をやろうかなあと考えたのですが、彼女は絵を描くことが大好きだったので、クレヨンと画用紙を用意しました。

彼女は虹の絵を描きました。

とっても明るい素敵な絵でした。

僕は、「これはおうちに持って帰りなよ」って言いました。
彼女は「うん」って言いました。
でも、僕はどうしても彼女の絵がほしかったんですね。
だから、「今度は、教室に飾る絵も描いてくれない」ってお願いしたんです。
そうしたら、にこ～って笑って、「お役に立てれば喜んで」って言ってくれました。
一日一日、何かができなくなっていく。
きっと自分の体のこともわかっていたと思います。

最後の日は、病室のベッドで、僕と算数の勉強をしました。
指先は動かせたので、彼女の手を持って、三角定規を使って、算数の勉強をしました。
横でお父さんが大泣きしていました。
その子も泣いていました。
「明日もまたやろうね」って別れました。

その次の日に亡くなりました。

でも彼女は最後まで、ただの患者としてではなく、一人の子供として生きていたのだと思います。

「お役に立てれば喜んで」って、大人でもなかなか言えません。

病気の子は自分のことをダメだと思うけれど、彼女は違ったのかもしれません。
居場所があって、一日一日をとっても大切に過ごしたのだと思います。
だから、誰かのために自分ができることをしようと思えたのだと思います。
院内学級が、少しでもそのお役に立てたとしたら……、とても嬉しいことです。

僕にとってこの言葉はものすごく大切な言葉になりました。
病気と闘っている子、一緒に頑張っている家族の姿を見ていたら、疲れた、なんて言ってられません。

「お役に立てれば喜んで」

お父さんじゃなくて良かった。

お母さんじゃなくて良かった。

お姉ちゃんでなくて良かった。

私で良かった。


（高校生の女の子）


高校生で亡くなった女の子が書いたものです。

気管切開をしたので話すことができず、最後は筆談をしていました。

どんなに苦しかったかと思います。

それでも、自分より家族を大切に思えること、すごいなと思います。

自分は大事にしてもらっていると感じられる子は、誰かを大事にしようと思えるんです。


私がここにいることは素敵なことだって、そう思える子は人に優しくできるんです。

「夕日」

赤く
きれいな
夕日をみると
なんかいいこと思いだす

（中学年の男の子）

小学校中学年の男の子の詩です。

さいかち学級での授業が終わって、病室に戻る時間になっても、その日、彼はベッドには戻りたくないようでした。

「もう少し、ここにいたい」

そう言ったわけではありません。

なんとなく、そういう気配を感じたのです。

病棟のスタッフに、少しだけ遅れるという連絡をして、僕は彼と二人、教室に残りました。

二人で窓の外を見ていました。

西のほうに大きな太陽が見えました。

きれいな太陽でした。

彼と並んで、特に何を話すこともなく、しばらく太陽を見ていました。

そのときです。

「先生、僕ね、夕日を見るとなんかいいこと思い出すんだ……」

彼がそう言ったのは。

8歳の男の子のいいことって何だろう。そう思ったけれど、

「そうか。先生も夕日、大好きだなあ……」

僕はそう返しただけで、「彼のいいこと」については聞きませんでした。

それからしばらくして、「僕、病室に戻るね」と、帰っていきました。


いいことを思い出したからかなあ。

少し、自分のことをわかってもらえた気がしたからかなあ。

彼の中で、何かが起こったことは確かだと思います。


そうっとそばにいる。

きっとこういうことなんだよね。

師匠。

あとがき

子供たちは、心の中にたくさんの感情を持っています。子供たちは、その感情を豊かに育みながら成長していくもの……と、大人は思っています。

でも、僕がかかわる子供を見ていると、そうでない場合が増えてきたように感じます。

学校でいじめにあっていて、でも家の人には相談できなくて、だって心配かけたくないから、それでいつもと変わらないように笑っていて、一生懸命に我慢している子。

誰にも口をきいてもらえずに、一人ぼっちで毎日を過ごしていて、それでも家の人には言えなくて、だって心配かけるから、そうしていつもと変わらぬ笑顔を残したまま、自ら命を断ってしまった子。

家で、親に虐待を受けていて、でも学校の先生や友達には言えなくて、だって親のことは大好きだから、だからいつものように学校では一生懸命に笑っていて、でもいつの間にか学校に来なくなってしまった子。

父親と母親が不仲で、きっとそれは自分のせいだと思っていて、だから親がケンカするたびに悲しくなって、それでもいい子でいなくちゃいけないから、学校は休まずに通っていて、そうして、疲れちゃって、友達を傷つけてしまう子。

親の干渉が激しくて、些細なことで叱られ続けて、自分はダメな子なんだと思い込んで、それでも親の期待に応えようと頑張って頑張って、でも親に認めてもらえない子。

頑張っている子供たちに。
我慢している子供たちに。
どんな感情も大切にしてください。
感情にフタをしないでください。
どんな感情も大切にしてくれる大人が、あなたの周りにもきっといるから。

そう願ってやみません。

副島賢和

編集部より

この本には、著者・副島賢和先生が教える院内学級・さいかち学級の子供たちの言葉がたくさん掲載されています。さいかち学級の子供たちが、副島先生の授業の中で実際に書いたものや発した言葉です。

掲載に際し、本来ならば、作者である子供たちやご家族の皆さま、お一人お一人に許可をいただくべきところですが、退院された後、連絡先がわからなくなっている方もおり、今回、先生に無理を承知でお願いして、使わせていただきました。

今現在、悩んでいる子供たちに、さいかち学級の子供たちの声を届けたい、ただその思いだけで掲載しております。

作品の著者である子供たち、また絵の掲載を承知してくれた子供たち、そしてご家族の皆さまに、ここに改めて感謝の意を表します。

プレジデントファミリー編集部

副島賢和
（そえじま・まさかず）

昭和大学大学院保健医療学研究科　准教授
さいかち学級担当

1966年、福岡県生まれ。都留文科大学卒業後、25年間東京都の公立小学校教諭として勤務。99年、都の派遣研修で、東京学芸大学大学院にて心理学を学ぶ。2006年より品川区立清水台小学校教諭・昭和大学病院内さいかち学級担任。学校心理士スーパーバイザー。14年より現職。ホスピタルクラウンとしても活動。ドラマ『赤鼻のセンセイ』（日本テレビ／09年）のモチーフとなる。NHKドキュメンタリー『プロフェッショナル仕事の流儀「涙も笑いも、力になる」』（NHK総合／11年）に出演。共著に『基本的自尊感情を育てるいのちの教育』（金子書房／14年）、『学校でしかできない不登校支援と未然防止』（東洋館出版社／09年）、著書に『あかはなそえじ先生のひとりじゃないよ～ぼくが院内学級の教師として学んだこと』（Gakken／15年）などがある。

院内学級の子供たちが綴った命のメッセージ
心が元気になる学校

2016年8月31日　第1刷発行

著者　副島賢和
発行者　長坂嘉昭
発行所　株式会社プレジデント社
〒102-8641 東京都千代田区平河町 2-16-1
平河町森タワー13階
編集（03）3237-3722　販売（03）3237-3731
http://www.president.co.jp/
編集　プレジデントファミリー編集部　高橋奈緒美
販売　桂木栄一　高橋 徹　川井田美景　森田 巌
遠藤真知子　塩島廣貴　末吉秀樹
制作　関 結香
装丁・本文デザイン　草薙伸行 ●Planet Plan Design Works
印刷・製本　図書印刷株式会社

ISBN978-4-8334-5103-1
Printed in Japan